... FRANÇAISE ANTIALCOOLIQUE

—————

... LIGUES CADETTES

—————

## PETIT MANUEL

# DU LIGUEUR

### PAR UN PROFESSEUR

## DE L'UNIVERSITÉ DE TOULOUSE

AVEC UNE PRÉFACE DU RECTEUR

—————

## TOULOUSE

IMPRIMERIE ET LIBRAIRIE ÉDOUARD PRIVAT
Libraire de l'Université
45, RUE DES TOURNEURS, 45
—
1902

# UNION FRANÇAISE ANTIALCOOLIQUE

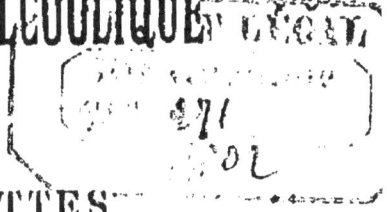

---

## LES LIGUES CADETTES

---

PETIT MANUEL

# DU LIGUEUR

PAR UN PROFESSEUR

## DE L'UNIVERSITÉ DE TOULOUSE

AVEC UNE PRÉFACE DU RECTEUR

---

TOULOUSE

IMPRIMERIE ET LIBRAIRIE ÉDOUARD PRIVAT
Libraire de l'Université
45, RUE DES TOURNEURS, 45

---

1902

# TABLE DES MATIÈRES.

## Chapitre III. — Les obstacles.

## Chapitre IV. — Les objections.

## Chapitre V. — La Ligue cadette dans les écoles de filles.

# PRÉFACE

Que l'alcoolisme soit un fléau individuel et social, nul ne le conteste.

Qu'il faille, pour lutter contre lui, réunir toutes les énergies, et dès lors, organiser, non seulement des Ligues de bons citoyens, mais aussi des *Ligues cadettes* pour nos écoliers, c'est ce que ce petit livre démontre avec force, avec persuasion, avec éloquence. C'est par l'éducation de l'enfance que le mal sera vaincu.

Une préface serait donc inutile si je ne tenais à dire pourquoi c'est un professeur d'Université qui a rédigé ce Manuel et pourquoi une Université lui en a donné le mandat.

Ce professeur n'a pas voulu signer son livre, afin de mieux marquer que c'est une œuvre, non pas individuelle, mais essentiellement col-

lective. L'ayant rédigé avec tous les témoigna-
ges des maîtres appelés par l'Université à la
lutte contre le fléau, il a voulu rester anonyme
comme eux pour être absolument la voix de
tous. Mais je me hâte d'ajouter que tous ceux
qui ont suivi depuis quatre ans la campagne
ouverte par l'Université de Toulouse contre
l'alcoolisme le reconnaîtront, ne fût-ce qu'à la
saisissante netteté de son argumentation, à sa
généreuse ardeur contre les objections et les
défaillances.

Et si c'est un membre du Conseil de l'Université de Toulouse qui a, le premier, en 1898,
invité cette Université à entreprendre le bon
combat, si elle l'a suivi sans hésiter, si aujour-
d'hui elle lui a donné mandat de publier ce
Manuel, c'est qu'elle a cru, avec lui, qu'elle
avait là un devoir à remplir ; que non seulement elle ne sortait pas de son rôle, mais qu'elle
exerçait, au contraire, une de ses attributions
les plus hautes.

Si l'union des trois ordres de l'enseignement
public pour le relèvement matériel et moral du
pays, pour le salut de la race française, est NÉ-
CESSAIRE, il est non moins NÉCESSAIRE *que les*

*plus haut placés marchent au premier rang.*
Une circulaire ministérielle du 9 mars 1897,
faisant appel aux professeurs des lycées et collèges et aux instituteurs pour organiser l'enseignement antialcoolique, demandait aux professeurs des Universités « de s'intéresser également
à cette œuvre ». On a jugé ici que ce n'était pas
assez, qu'il fallait, non plus seulement opérer
sur les flancs, en troupes auxiliaires, mais
prendre la tête de la colonne. Quand nos instituteurs, nos professeurs de collèges et de lycées
prêchent et agissent, il faut qu'ils sachent que
les hommes qui ont été leurs maîtres, que les
professeurs de l'Université prêchent et agissent
comme eux.

Cl. Perroud.

# AVANT-PROPOS

Ce volume a une originalité : il n'a pas été fait par son auteur. Il se compose presque exclusivement des pensées, le plus souvent des phrases mêmes des instituteurs, des institutrices qui, depuis quatre ans, se sont le plus distingués, au sein de l'Académie de Toulouse, dans la lutte contre l'alcoolisme.

Chaque année, en effet, le Conseil de l'Université a reçu des centaines de rapports. Un récent concours lui a valu neuf Mémoires. Il a suffi de dépouiller ces nombreux et riches documents, d'extraire, de choisir, puis de classer et d'ordonner. Un petit Manuel s'est ainsi trouvé composé tout seul, Manuel dont on peut

dire ce qu'un instituteur a dit de son mémoire :
« Toutes les idées ont été soumises à l'épreuve
de la pratique et de la pratique locale. »

N'y a-t-il pas lieu d'espérer que ces idées,
tirées de la pratique, seront faciles à remettre
en pratique ?

*Un membre du Conseil de l'Université
de Toulouse.*

# CHAPITRE PREMIER.

## Les motifs.

§ I. *Le danger national.* — Quelques mots suffiront pour constater ce que l'on peut appeler la situation alcoolique de notre pays.

Voici trois dates. En 1830, la France buvait environ 1 litre d'alcool pur par habitant. Trente ans plus tard, en 1860, elle en buvait plus de 2 litres, et, trente ans plus tard encore, en 1890, elle en buvait plus de 4 litres. Depuis, la situation reste la même et ne tend pas à s'améliorer.

En même temps, au vin, s'était ajouté l'alcool industriel, et à l'alcool industriel s'était ajoutée l'absinthe, l'absinthe qu'on a surnommée le poison français ; car la France en boit à elle seule plus que toutes les autres nations réunies : 57,000 hectolitres en 1885, 129,000 hectolitres en 1892. Aujourd'hui 180,000 hectolitres !

Sans doute, la France n'est pas seule à boire (on évalue à 11 ou 12 ou même 18 milliards le prix des boissons spiritueuses consommées chaque année dans le monde, tandis que, pour le dire en passant, on ne consomme même pas pour 2 milliards de pain) ; mais la France, ici comme ailleurs, tient à se distinguer. Il y a huit ans, elle n'arrivait qu'au septième rang dans cet étrange steeple-chase de l'alcoolisation. La voici passée au second. Elle vient tout de suite après le Danemark. L'Allemagne et la Hollande avaient, hier, la même consommation qu'elle à quelques centilitres près. Aujourd'hui, la France les dépasse. Quant à la Belgique, sa consommation est en baisse progressive depuis plusieurs années, et elle consomme moins de boissons distillées que nous. On le voit, il n'est plus même besoin de tenir compte, par une sorte d'artifice, de tout l'alcool consommé, même sous forme de boissons fermentées. Avec l'alcool seul, la France détient le record.

Les conséquences de cette alcoolisation sont les suivantes :

*Au point de vue des finances.* — D'après des calculs plutôt insuffisants, paraît-il, la France dépenserait annuellement environ 1 milliard et demi pour frais divers d'alcoolisme, sans compter les impôts sur les alcools, etc.

*Au point de vue de la population.* — 215 familles d'alcooliques ont donné naissance, en trois générations, à 814 individus. 32 % sont morts en bas âge; 60 % ont été des dégénérés (Dr Legrain). D'une manière générale, on a calculé que les conscrits, exemptés pour incapacité provenant de l'usage familial de l'alcool, représentaient pour la population de la France un abaissement de 4 millions d'âmes. Inutile de chercher bien loin les causes de la dépopulation. — Ajoutons l'influence désastreuse exercée par l'alcool sur le développement de la tuberculose. Celle-ci tue par an 150,000 Français. Mais 75 à 80 % des tuberculeux sont des alcoolisés.

*Au point de vue de l'intelligence.* — Le nombre

des aliénés, dont la folie est due directement à l'alcoolisme, était en moyenne de 713 par année dans
la période de 1866 à 1875; il a été en 1893 de 3,386.
En moyenne, il faut compter 30 à 40 % des aliénés
internés.

*Au point de vue moral enfin*, le plus important,
car ceci est la cause de tout cela. — Sans parler des
divorces, des adultères, de l'abandon des enfants,
de la prostitution dus à l'alcoolisme, il y a des mi-
lieux en France où la criminalité alcoolique atteint
70 à 75 % de la criminalité générale.

On comprend qu'après avoir écrit : « On peut
dire que l'alcoolisme est par excellence l'engin des-
tructeur des peuples modernes », M. Legrain, par-
lant de la stupeur que l'on éprouve à voir une grande
nation périr, non pas même au champ d'honneur,
mais par une dégénérescence progressive, mais par
un suicide volontaire, ait conclu : « Voilà ce que
nous devons crier bien haut, si nous avons le désir
de voir notre France s'éloigner du gouffre qu'elle
côtoie et retrouver intacte cette antique splendeur
dont elle est digne. » Il est impossible qu'un citoyen
digne de ce nom, en présence de tels désastres, ne
prenne pas bravement la résolution de s'abstenir
d'un poison qui, s'il ne produit pas apparemment de
grands ravages chez quelques privilégiés, n'en est
pas moins une source de véritables hécatombes
humaines. C'est un acte de solidarité à accomplir.
Et il faut le reconnaître : c'est déjà une faute grave,
au point de vue patriotique, de ne pas prendre posi-
tion en face du fléau.

§ II. *Les nations étrangères.* — Voyez comme tous les pays civilisés se défendent. La Russie organise le monopole et supprime la vente au détail. Les cabaretiers, en nombre limité, sont des fonctionnaires vendant, sans profit, l'alcool rectifié par l'Etat. La plupart des Etats du Nord et de l'Union américaine, le Canada surtout, sous la pression de 5 millions d'abstinents, ont prohibé l'alcool et bâti un temple à la mémoire de Mme Willard, une apôtre de l'antialcoolisme. L'Angleterre compte 7 millions d'abstinents. La Belgique est sur le point de proscrire les liqueurs à essence; elle organise et subventionne dans ses écoles l'enseignement antialcoolique. La Scandinavie, après une campagne de trente années et plus, qui a fait reculer dans de très grandes proportions la consommation de l'alcool, prohibe ce poison ou est sur le point de le prohiber. La Norwège a supprimé les cabarets, grâce aux votes combinés des hommes et des femmes. Voyez le Canada! Un plébiscite récent a décidé la prohibition de l'alcool dans ce pays, qui, de ce fait, passera en bloc à l'abstinence, dès que le gouvernement aura ratifié ce plébiscite. La Suisse a monopolisé l'alcool, mais elle est surtout la patrie des sociétés de tempérance : Croix bleue, Ordre des hospitaliers, Ligues antialcooliques, etc., qui groupent savants, docteurs, étudiants et ouvriers. Certains socialistes forment des sociétés d'abstinence. Des ligues de jeunes gens des écoles, des lycées, des universités (l'*Espoir*, l'*Helvetia*) enrôlent des milliers de membres. L'Allemagne, le Danemark, la Suisse, ont des sociétés d'abstinents. Enfin, n'admirez-vous pas le courage et la résolution des femmes de Chicago, dont le procédé n'est point à imiter cependant? Elles envahissent bars et buvettes, les saccagent, et détruisent tous les alcools qui leur tombent sous la main. Il n'est pas jusqu'à l'Etat indépendant du Congo qui n'ait, sans compter plusieurs peuplades sauvages, prohibé l'alcool. Il n'y aura bientôt plus que les nègres... et les Français à le subir.

Partout vous voyez surtout se développer un mouvement dû à l'initiative privée. L'ordre des Bons Templiers compte 600,000 adhérents dans les pays du Nord; la Croix bleue compte 30,000 membres. — Beaucoup de pays légifèrent gravement contre les ivrognes d'habitude et ouvrent des sanatoria pour les traiter.

§ III. *L'appel de l'Université et du gouvernement.* — « C'est à éclairer les esprits sur les redoutables dangers que l'alcoolisme fait courir à la France qu'il faut d'abord s'attacher, dit le Rapport à M. le Ministre; c'est par une incessante propagande, par des conférences multipliées, par la presse, la brochure et le livre, c'est par l'enseignement surtout qu'on peut lutter contre le péril alcoolique avec quelque chance de succès. »

Et la circulaire ministérielle de 1897 précise ce Rapport. « J'ai pensé qu'il appartenait à l'Univer« sité de donner l'exemple. Elle y est d'autant plus « intéressée que son œuvre serait stérile si, après « tant de généreux efforts pour former les intelli« gences et les âmes des enfants, l'alcoolisme pou« vait compromettre chez eux, avec la vie physi·

« que, la vie intellectuelle et morale. Il importe
« de leur signaler de bonne heure le danger, de
« leur inspirer la crainte et le dégoût de l'alcoo-
« lisme, de leur en faire comprendre toutes les
« conséquences. Les professeurs et les instituteurs
« s'acquitteront de ce rôle avec la conscience de
« faire œuvre de bien public... Il est à désirer que
« les professeurs des Universités s'intéressent éga-
« lement à cette œuvre. Ils rendraient assurément
« un grand service si, en quelques conférences, ils
« donnaient à nos instituteurs les notions d'hygiène,
« d'économie politique que ceux-ci seraient parfois
« embarrassés de réunir, de contrôler. Ils pour-
« raient attirer sur ce point l'attention des étu-
« diants, les associer à leur action, leur faire
« comprendre les services que plus tard, dans les
« situations diverses qu'ils occuperont, ils rendront
« en réagissant autour d'eux contre l'alcoolisme.
« Pour lutter contre un si grave danger, l'union
« de toutes les bonnes volontés s'impose. »

§ IV. *Devoir de l'instituteur.* — « On éprouve-
rait un remords éternel de n'avoir pas essayé de
sauver un homme sur le point de se noyer. Ne
serions-nous pas plus coupables de ne pas faire tous
nos efforts pour empêcher de tomber dans le gouffre
terrible l'enfant confié à nos soins? Pour un instituteur digne de ce nom, ses élèves sont ses enfants;
et un père, que ne ferait-il pas pour ses enfants ?
— Nous avons pour mission, non seulement d'éclairer les intelligences et de former les cœurs des
enfants, mais même de chercher à leur donner

le bonheur matériel. Or, quel plus terrible ennemi du bonheur des familles que l'alcool, qui amène une descendance accablée des pires infirmités, qui ruine la santé, qui détruit la fortune et qui, souvent, fait perdre l'honneur[1] ? »

Or, pour accomplir ce devoir, l'instituteur jouit d'une situation si privilégiée, que sa responsabilité est tout entière engagée. « Le maître habile peut obtenir des enfants tout ce qu'il voudra. — Qui a plus d'influence sur l'enfant que l'instituteur? De là, une nouvelle raison pour lui de prendre part à la lutte : c'est qu'en somme il est celui qui peut obtenir le plus de résultats, ou plutôt, c'est lui seul qui peut jeter la semence qui fructifiera abondamment plus tard. »

§ V. *L'intérêt de l'instituteur*. — « Les instituteurs eux-mêmes nous paraissent intéressés à cette création. Tant que nous ne faisons que prêcher l'abstinence des boissons distillées, nous ne nous faisons pas scrupule d'en user nous-mêmes, modérément, sans doute, mais, enfin d'en user à l'occasion. Du jour où la Ligue sera fondée, l'instituteur ne se croira plus autorisé à enfreindre une règle qu'il aura imposée à ses élèves. »

Et, comme le disait un instituteur : « Ce n'est pas tout de parler, il faut encore agir. Je supprime les apéritifs et les digestifs de mon ordinaire, et je prends mon café sans armagnac. *Je suis le premier à bénéficier de ma campagne* »

---

1. Toutes les citations entre guilleme
n'est pas indiqué de référence spéciale, s
ports des instituteurs et des institutrices

et pour lesquelles il
t empruntées aux rap-

Un autre intérêt n'est pas à négliger. Il importe au contraire de le bien noter pour faire équilibre, dans certaines imaginations, à certaines difficultés que peut occasionner la campagne antialcoolique, difficultés dont on parle seules et toujours : il s'agit de l'intérêt personnel du maître. « Ce n'est pas dans un village où cafés et cabarets pullulent, où les buveurs sont légions, que l'éducateur de l'enfance trouvera la tranquillité et la considération qui, pour une bonne part, contribuent à son bonheur. »

# CHAPITRE SECOND

## La Ligue cadette.

§ I. *Insuffisance des conférences.* — Il faut reconnaître que, dans la campagne antialcoolique, les conférences ont été loin de donner tous les résultats espérés. Pourquoi? Pour diverses raisons, dont nous signalons d'abord une. Il n'arrive pas toujours que le public soit certain, absolument certain, que le conférencier est un adversaire de l'alcoolisme autrement qu'en paroles, en théorie, oratoirement et scientifiquement. Or, toutes les conférences qui permettent ce soupçon sont sans influence.

« J'ai assisté encore, il n'y a pas bien longtemps,

à une conférence antialcoolique faite par un docteur de ma région. Le brave docteur avait cédé aux sollicitations de l'instituteur pour prêter son concours aux œuvres post-scolaires, et, disons-le tout de suite, sa conférence fut des plus intéressantes. Malgré cela, bien de ses auditeurs le regardaient avec un sourire narquois. C'est que le brave homme ne dédaigne pas de fêter de temps en temps la dive bouteille, et on ne le cite pas comme un modèle de tempérance. »

« J'ai souri bien souvent au souvenir de l'aventure arrivée naguère à un conférencier. Pour avoir droit aux jours de congé supplémentaires, accordés aux instituteurs s'occupant d'œuvres post-scolaires, il s'était improvisé conférencier : sa conférence fut religieusement écoutée par les amis qu'il comptait dans l'auditoire, et, pour lui prouver le profit qu'ils avaient tiré de sa causerie, ils l'invitèrent à prendre l'absinthe avec eux : car le conférencier est grand amateur d'apéritifs. »

§ II. *Nécessité et insuffisance de l'enseignement.* — Sans doute, les conférenciers convaincus ne manquent pas. Et cependant eux-mêmes seront insuffisants, car ce qui est insuffisant ce n'est pas eux, c'est l'enseignement.

Certes, pas de malentendu. L'enseignement est très utile, très nécessaire. Et quand on constate la masse de leçons, de compositions, de dictées, de lectures, d'exercices, de problèmes, de conférences, avec ou sans projections, de tableaux, de livres, de graphiques, de couvertures de cahiers, de bons

points, de chants, de maximes morales, de carnets
que produit, dont se sert la campagne antialcoolique,
on n'est pas seulement émerveillé, on est réconforté.
En y réfléchissant, on a le sentiment, comme cela a
été dit, qu'il ne s'agit pas seulement d'un détail,
mais que « tout l'enseignement quotidien » a été
orienté, autrement, vers un but précis, que c'est une
conception plus pratique, plus réaliste, en même
temps que plus morale de l'enseignement, et presque
une révolution (le mot n'est pas trop gros) qui a été
inaugurée.

C'est très bien. C'est la condition préalable et nécessaire du succès : mais c'est encore insuffisant
pour le succès. Ce sont les maîtres mêmes de l'enseignement qui le disent. « Chacun sait que pour
dévoué et persuasif que soit le maître, bien des écoliers considèrent le travail scolaire comme pénible,
ennuyeux, et, après avoir écouté d'une oreille dis-
traite les enseignements de l'école, leur premier soin
est de les oublier sur le seuil. Il faut donc une
rallonge à notre enseignement antialcoolique. Il faut
une société cadette qui vivra à côté des œuvres scolaires, qui aura son autonomie, et à laquelle l'instituteur enlèvera tout caractère pédagogique, en se
réservant toutefois la direction effective. »

« Vous avez beau dire à un enfant « l'alcool est
chose mauvaise », il vous écoute, il vous croit, mais
il oublie, et vous n'avez rien fait. A la première
occasion, il ne songera pas à se refuser le petit
verre.

« Si au contraire il a pris l'engagement ferme de
s'abstenir, si vous l'avez affilié à une société de

tempérance, il y prendra l'habitude du sacrifice, l'habitude de se dominer, de vaincre sa gourmandise... Vous aurez donc réussi à former un caractère; tout au moins vous y aurez aidé. »

§ III. *L'association, la Ligue.* — La campagne antialcoolique ne peut réussir que grâce à l'association, c'est-à-dire à la Ligue. « L'association, qui est un remède à beaucoup de maux, rendra, ici comme partout, un grand service. Elle fortifiera les volontés, elle excitera l'amour-propre, elle soutiendra les faibles, elle relèvera les défaillants. »

« Les ligues sont notre véritable moyen d'action; elles seules peuvent réunir, dans un but déterminé, des élèves pendant plusieurs années; elles seules permettent les causeries répétées, et, en réunissant les volontés éparses, former une volonté plus forte que les volontés individuelles. » (LEGRAIN.)

« Y a-t-il un autre enseignement qui soit plus souvent mis en échec, et par la rue, et par l'atelier, et par l'usine, et par la fabrique, et quelquefois, hélas! par la famille elle-même? Comment lutter avec avantage contre cette force collective composée d'éléments si divers, si on ne peut lui opposer la collectivité des sobres, des tempérants, unis par l'association? »

« La ligue ne laisse pas celui qui y entre tel qu'elle l'a reçu. Elle en fait un autre homme. Le mobile qui conduit à en franchir le seuil est parfois très faible, en tout cas instable, fugitif. Le contact de l'association en fait un sentiment durable, ardent, parfois une passion. »

4

§ IV. *Les ligues et les enfants.* — Dira-t-on ici : soit, des ligues pour les hommes ! mais des ligues pour les enfants ?

Comme si, pour combattre le mal, il fallait attendre que ce fût difficile et presque impossible ! Comme si, pour lutter contre une mauvaise habitude, il fallait attendre qu'elle fût assez enracinée pour être devenue une seconde nature ! Comme si, au lieu de prévenir les maladies, il fallait attendre qu'elles aient éclaté, épuisé le malade, pour essayer, ensuite, de le guérir ! En vérité, ces raisonnements sont d'une psychologie et d'une pédagogie toutes particulières !

« Au contraire, il faut nous occuper des enfants, précisément parce qu'ils nous offrent, généralement, un champ vierge de toute souillure alcoolique. C'est parce que nous leur reconnaissons une certaine répugnance instinctive pour les liqueurs fortes, c'est parce qu'ils ne sont pas les esclaves de ces préjugés populaires, qui représentent l'alcool comme un fortifiant ou un réchauffant, comme un digestif ou un apéritif bienfaisant, que nous voulons profiter de ces excellentes dispositions pour prémunir les esprits, fortifier les courages et les volontés. »

Et d'ailleurs que nous disent aujourd'hui, que nous répètent à satiété nos psychologues, nos sociologues, nos philosophes, sinon que « la précocité des enfants est une des caractéristiques du temps présent ? » Tout le monde ne sait que trop qu'ils ont raison. Quel est en effet le vice qui s'arrête à cette objection : c'est un enfant ! Quel est la tentation qui s'arrête à cette objection : c'est un enfant ?

Et quand, tous les jours, de tous côtés, l'enfant est
provoqué, assailli, seuls ses éducateurs, ses amis,
ses parents et ses maîtres hésiteraient à le défendre,
à cause de ce prétendu scrupule : pas trop tôt !
« C'est calomnier l'enfance, cet âge si accessible
aux idées généreuses, aux résolutions même hé-
roïques. »

§ V. *La circulaire ministérielle.* — C'est ce
que le ministre de l'Instruction publique a très
bien compris et très nettement dit : « Il ne suffira
« pas que l'instituteur répande autour de lui, dans
« son école, de justes et précises idées. Il devra se
« souvenir que les volontés isolées, de quelques
« lumières qu'elles soient éclairées, demeurent
« chancelantes et faibles devant les tentatives mul-
« tiples du dehors. C'est en se groupant pour la lutte
« que l'on a chance de triompher de l'ennemi. Aussi
« les maîtres, à l'exemple de ce qui s'est fait avec
« un incomparable succès en Angleterre, devront-ils
« favoriser entre leurs élèves la constitution de so-
« ciétés de tempérance scolaires, de ligues contre
« l'usage des boissons spiritueuses. Les jeunes
« gens, que l'engagement qu'ils auront pris, avec
« l'agrément de leur famille, de s'abstenir de toute
« boisson spiritueuse jusqu'à l'âge de vingt ans,
« aura préservés, pendant ces années où se fait
« l'apprentissage de la vie, de contracter des habi-
« tudes qu'il faut traîner plus tard comme une
« lourde chaîne, auront bien des chances de de-
« meurer indemnes pour toujours des atteintes du
« fléau. Quelle reconnaissance n'éprouveront-ils pas
« un jour pour l'école qui aura su les tenir à l'abri

« de la contagion d'un mal dont on ne saurait
« compter toutes les victimes ! »

§ VI. *Psychologie de la Ligue cadette.* — C'est
encore elle qui démontrera le mieux la nécessité de
cette association.

« 1. — Il tarde à l'enfant de se montrer un homme.
Avez-vous jamais remarqué un bambin en extase
devant un adolescent qui fume ou qui boit ? Quel
regard de convoitise ! Lui aussi sera grand un jour,
et il fumera, et il avalera d'un trait des petits verres
comme les grands, comme les hommes.

> Quand serons-nous enfin à notre tour des hommes ?
> Oh ! pouvoir fumer, boire et dire que nous sommes
> Enfin débarrassés des maîtres, des parents !
> O bonheur sans nuage ! Être libres et grands !
> Le tabac, le café, c'est l'homme qui commence.

« Voilà pourquoi il ne suffit pas d'apprendre à cet
enfant que l'alcool est mauvais ; le prévenir et l'instruire n'est pas assez. Il faut lui montrer d'autres
images, d'autres exemples qui neutraliseront l'impression laissée par les premiers, l'entourer d'amis
qui ne boivent pas, et qui pourtant n'en valent pas
moins. C'est la leçon de choses, la leçon vécue.
L'instinct d'imitation procédera comme toujours, à
l'insu du sujet. L'enfant copiera les autres, il ne
boira pas du moment que les autres ne boivent pas.
Ainsi se formera l'habitude. »

2. — Après l'instinct de l'imitation, le sentiment
de l'honneur.

« Combien d'ouvriers, parce qu'ils se coudoient à
l'usine, qu'ils veulent se prouver leur sympathie
réciproque (ce qui serait au fond excellent), mettent

une espèce de coquetterie à imiter les pires d'entre eux ! C'est à qui boira le plus, pour montrer aux autres qu'une vaine préoccupation d'économie ne saurait l'arrêter. Ou encore chacun craindrait, s'il ne faisait pas « comme les autres », de paraître les désapprouver. Bien plus, après avoir cédé par faiblesse, certains vont plus loin et se piquent de résister, sans en être incommodés, à l'absorption de maints petits verres. Ils énumèrent orgueilleusement le nombre de ceux qu'ils boivent un jour de fête ; ils soulignent, en l'exagérant, l'orgie de la veille : « Quel « gibus, mes amis ! »

« Voilà de l'amour-propre bien mal placé, n'est-ce pas ? — Eh bien, par l'engagement d'abstinence, loin de refréner cet amour-propre, nous l'utilisons, et c'est un puissant ressort.

« L'émulation qui se manifeste chez les buveurs, ou chez les caractères faibles, que les buveurs entraînent, nous l'employons à se priver de boissons. »

« A un faux point d'honneur, il faut opposer un autre point d'honneur, tel que le respect d'un engagement précis » (BAUDRILLART). Nous disons à l'enfant : « Chose promise, chose due ! Tu ne serais pas un homme, si tu ne savais point tenir un engagement. Tu veux être estimé des honnêtes gens ; tu veux qu'on ait confiance en toi, qu'on dise de toi : « On « peut se fier à lui » ; tu tiens à l'honneur, et tu préférerais perdre un membre qu'une parcelle de cet honneur. Tu tiendras donc ton engagement, tu te montreras digne de toi et de notre Ligue. » Et l'enfant n'est pas insensible à ce langage. Même chez les moins bien doués nous éveillons des sentiments

encore confus, mais qui d'une façon plus intense
se manifesteront tôt ou tard. »

Émulation, amour-propre légitime, sentiment de
l'honneur : ne sont-ce pas les mobiles dont se sert
l'éducateur ordinaire pour arriver à ses fins les plus
nobles? Pourquoi ne serait-ce pas un devoir pour la
Ligue cadette d'en user à son tour?

3. — Et finalement toute cette éducation de la
Ligue aboutit à l'éducation... de la volonté.

« Notre élève aura plus tard un tel besoin de
volonté, d'initiative, qu'il n'est jamais trop tôt pour
la faire naître en lui. »

« Il faut éveiller la volonté de l'enfant, si elle
sommeille; la fortifier, si elle est chancelante; la
diriger, si elle n'a pas de but précis. »

« L'engagement est un excellent moyen pour lui
apprendre à vouloir en connaissance de cause. »

« L'histoire de la lutte contre le fléau est partout
le triomphe progressif de la volonté. »   (LEGRAIN.)

« Nos Ligues nous aideront à cultiver la volonté
de l'enfant autant qu'à fortifier ses convictions,
parce qu'on fait plus qu'y parler : on y agit. L'action est l'école de la volonté. »

Mais nous reviendrons sur ce sujet si important
à propos de *l'engagement* et des objections qu'il
a soulevées.

§ VII. *La Ligue cadette et la famille.* — « Un
autre motif de création, c'est la nécessité pour le
maître convaincu d'atteindre la famille. Or, il n'est
pas de meilleur moyen de propagande que la petite
Ligue cadette. Tout ce qui se dit à l'école, tout ce

que l'enfant apprend dans les réunions de la Société est répété et commenté à la maison.

« La Ligue fera sentir son influence sur les parents, par l'intervention des enfants eux-mêmes. La bonne parole sortie de la bouche des petits impressionne plus sûrement que la conférence la mieux faite ou le livre le plus documenté. Et l'instituteur ne doit pas perdre de vue que toutes ces petites têtes qui l'écoutent se feront l'écho de sa causerie, le soir, à la maison. »

§ VIII. — *Fondation de la Ligue cadette.* — Voilà enfin le maître convaincu, nous l'espérons.

1. — Qu'il *prépare* avec beaucoup de prudence le terrain sur lequel il va construire.

Par exemple, il fera bien de s'assurer, dans la mesure du possible, le concours des pouvoirs locaux. Quelques visites d'explication et de déférence dissiperont certainement bien des malentendus. « L'offre directe d'une présidence d'honneur, la demande d'un discours ou d'une allocution un jour de fête » sont des procédés efficaces et qu'on peut qualifier, à double titre, de bons procédés.

Surtout il faut préparer les enfants : « Ma première leçon fut une leçon de choses. Je plongeai un morceau de viande crue dans un demi-verre d'eau-de-vie. L'aspect blanchâtre que prit ce morceau de viande fit sur eux une telle impression qu'ils n'ont jamais oublié ni l'expérience, ni les commentaires qui la suivirent. Je compris dès lors que ma section cadette ne serait pas difficile à créer. »

Enfin, après les enfants, les parents. C'est le

moment psychologique où des conversations fami-
lières peuvent éclairer les esprits et dissiper les
malentendus. Exemple :

« LE PÈRE. — Souvent l'enfant n'a pas d'appétit.
Il faut bien que quelque chose le soutienne. Le vin
pur est tout indiqué dans ces cas-là...

« L'INSTITUTEUR. — Est-ce que vous donnez de
l'eau-de-vie à un animal pour le soigner? Vous
vous en garderiez bien; non pas parce que cette
liqueur est chère, mais parce que vous êtes sûr
qu'elle le rendrait malade, qu'elle le ferait mourir
peut-être. Il a pourtant plus de résistance qu'un
enfant, étant plus gros et ayant des organes plus
développés. Et vous voulez donner à un enfant une
boisson qui ne convient pas à un animal! Vous
voyez combien votre conduite est étrange. Voulez-
vous vous rendre compte de l'action de l'alcool sur
nos organes? Prenez un lapin, et faites-lui avaler
une cuillerée d'eau-de-vie. Vous verrez ce qui
arrivera. Votre lapin mourra empoisonné.

« LE PÈRE. — C'est peut-être bien vrai, ce que
vous dites là, Monsieur... mais l'enfant est bien
jeune pour une promesse !

« L'INSTITUTEUR. — Trop jeune ! Mais on ne com-
mence jamais trop tôt son apprentissage. La Société
de tempérance est l'école de la volonté. »

Autre procédé. Tous les ans, en automne, la
section de G... adresse un appel aux pères de famille dont les enfants fréquentent l'école laïque et
sont âgés de plus de huit ans. Cet appel revêt la
forme soit d'une causerie-conférence, soit d'une
lettre-circulaire, soit les deux à la fois.

« Quelques jours plus tard, nous adressons aux parents une formule d'engagement imprimé, que signent, s'il y a consentement, le père et l'enfant, le premier autorisant le second qui, seul, promet. »

2. — Le moment de *créer* est venu: « L'âge de dix à onze ans semble être le plus favorable. Le premier engagement ne sera signé que pour une courte période (trois mois, par exemple) ; le renouvellement sera la sanction de la fidélité, du zèle et aussi de la bonne conduite de l'élève. C'est en attachant du prix à cet acte qu'on le rendra cher à l'enfant. »

Ici chaque instituteur procède à sa façon. « Les engagements seront entourés d'une certaine solennité. Les adhérents les prononceront à haute voix, en présence des membres de la Ligue, et des personnes notables qu'on aura cru bon d'inviter à la séance de réception, et ils apposeront leur signature au-dessous du texte de leur engagement, sur un registre spécial. »

3. — Faut-il exiger une cotisation ? Les opinions varient. En voici toutefois une qui paraît digne de considération. L'instituteur X... exige une cotisation de *cinq centimes par trimestre,* quatre sous par an.

« Elle est indispensable non seulement à la prospérité matérielle de l'œuvre, mais encore à sa tenue morale. Au point que si une personne charitable proposait à notre section des subsides destinés à la remplacer, je serais d'avis de rejeter une telle proposition.

« L'homme est ainsi fait qu'il n'apprécie généralement que ce qui lui a coûté quelque effort ou quelque argent. « Entretenez » une société comme la nôtre, vous la tuerez. Elle ne peut vivre que de sacrifices librement consentis : un premier effort laisse après lui la satisfaction morale génératrice d'un second ; ainsi nous nous entraînons au bien, et nous finissons par en trouver l'accomplissement facile. »

4. — Quant à l'organisation et à l'activité de la Ligue, ce n'est certes pas la partie la moins délicate de l'instituteur. Mais c'est celle pour laquelle il est le moins possible de lui fournir des règles.

« La séance débute par une causerie ayant trait à l'antialcoolisme, ou à tout autre objet, selon les dispositions que l'on devine dans l'auditoire. Il est bon que cette causerie soit faite par un protecteur de l'œuvre, ou un adhérent étranger à l'école : docteur, rentier, conseiller général, maire, ingénieur, industriel, ouvrier. Cette causerie est courte ; elle ne doit pas fatiguer. Elle est suivie d'une exécution musicale, s'il est possible, chorale le plus souvent.

« D'autres fois on déclame, on fait une lecture amusante, ayant une partie morale ou instructive. Puis on joue, en variant autant que possible les jeux, car, ne l'oublions pas, ainsi que le disait si bien M. Buisson à un congrès, il faut que nos réunions d'enfants, même d'adultes, soient gaies, amusantes pour qu'elles plaisent et qu'elles durent... Organisons des soirées, des concerts, des fêtes, des bals, soit au siège de la section, soit chez une section voisine, des promenades champêtres, des excursions, des goûters sur l'herbe, des visites à des monuments, des voyages chez une « cadette » des environs, à pied s'il est possible, etc., etc. »

La Ligue enfin peut être aidée par un musée anti-alcoolique, par une bibliothèque, et, en définitive, elle vaudra ce que vaudra le dévouement de l'instituteur.

---

# CHAPITRE TROISIÈME

## Les obstacles.

Il y a des obstacles. Ce n'est pas très étonnant, et ce ne saurait être un argument très spécial contre les Ligues cadettes. Quelle œuvre, surtout si elle est bonne, ne soulève aucune difficulté ?

Il y a des obstacles. Pas tant peut-être que les uns croient et que les autres disent. « Aucune difficulté, déclare un instituteur ; j'ai seulement cédé aux désirs exprimés par la plupart de mes élèves. » — « Tous ont accepté avec joie, dit un autre ; auprès des parents, j'ai trouvé le même accueil, pas une hésitation. » — Un autre : « J'ai eu la satisfaction de convaincre en peu de temps mes élèves, et tous ceux d'entre eux qui étaient âgés de plus de dix ans ont adhéré avec enthousiasme. » Etc.

Il ne faut pas néanmoins le contester, il y a des obstacles : il y en a même trois très sérieux.

§ I. *L'instituteur.* — Le premier obstacle, et le plus insurmontable, peut être l'instituteur.

« Le premier obstacle vient du maître. S'il n'est pas absolument convaincu, s'il se contente d'obéir aux instructions de ses chefs, il échouera infailliblement. Là où il n'y a pas conviction, il n'y a ni ardeur dans la lutte, ni persuasion dans la campagne, ni entraînement par l'exemple.

« En dépit des éloges trop pompeux qu'on nous adresse bien souvent, le plus fidèle client du mastroquet de l'endroit est quelquefois l'instituteur. Tel aime faire sa partie de cartes, et c'est là qu'il trouve ses compagnons. Sa dignité n'y gagne pas grand chose, la bonne tenue de sa classe encore moins, et la campagne antialcoolique devient impossible dans de pareilles conditions.

« Que dire du maître qui, au cours de la classe, aura parlé des effets pernicieux du tabac, et qui n'attendra même pas d'être sorti de l'école pour allumer sa cigarette?

« Cet état de choses est une des causes principales de la lenteur des progrès faits par la campagne que nous avons engagée contre le fléau.

« Il faut au maître une conviction forte plutôt qu'une érudition recherchée. Les connaissances qu'il s'est acquises, en vue de l'enseignement à l'école, sont à peu près suffisantes à la Ligue. Il doit moins y enseigner qu'y agir, guider les volontés, soutenir les courages. »

« Il faut qu'il connaisse les questions personnellement, par une expérience des choses qui les lui ont fait comprendre. »

« Conviction ardente, instruction, méthode d'observation, le maître ne pourra l'acquérir qu'au sein d'une société cadette, qui lui fournira les éléments d'étude et le champ d'observations nécessaires. »

§ II. *La famille.* — « Auprès des parents on trouve quelquefois de l'indifférence, souvent de l'incrédulité, mais rarement de l'hostilité.

« Dans un grand nombre de villages, la population, prise dans son ensemble, est plutôt sceptique qu'hostile vis-à-vis de la lutte contre l'alcoolisme. Mais elle est tellement imbue de préjugés relativement à l'alcool, celui-ci, au dire des bonnes gens, a tant et de si précieuses vertus, que vraiment on a l'air d'un rêveur, pour ne pas dire d'un fou, en venant dire que l'alcool est un poison.

« Cependant, bien des parents sont convaincus que l'abus des boissons alcooliques est nuisible, mais la plupart refusent de prime abord d'admettre que l'usage, toujours modéré d'après eux, soit pernicieux. Ils consentent volontiers à ce que leurs enfants entrent dans une association de tempérance, mais malheureusement, et cela je l'ai vu plusieurs fois, ils sont les premiers à exciter les jeunes sociétaires à manquer à leur promesse. Ce n'est pas chez eux un parti pris, c'est compassion plutôt pour l'enfant. Dans les occasions si nombreuses où il est d'usage, de règle absolue, dans les familles de choquer le verre avec un ami, un parent, de prendre une petite goutte enfin, il leur semble que leur enfant souffre, sinon dans sa santé, du moins dans son amour-propre, de mettre un peu d'eau ou même de vin dans son verre, quand les autres remplissent le leur d'eau-de-vie.

« Il n'y a qu'à persévérer, bientôt les choses changeront de face et les rieurs de côté. L'alcool commet sans cesse tant de méfaits qu'il n'est pas malaisé de lui créer beaucoup d'ennemis, même en ne le chargeant que d'une partie des crimes qu'il commet. »

§ III. *Le cabaretier.* — « Le véritable ennemi, c'est le cabaretier du village. Celui-là, voyant son commerce attaqué et ses profits menacés, est intraitable. Il n'examine pas en effet si ses drogues sont un poison, il ne voit qu'un gêneur, sinon un ennemi, dans l'instituteur. Il paye à l'État le droit d'empoisonner le public, pourquoi va-t-on lui ravir sa clientèle ?

« Bien souvent, hélas ! les autorités locales sont du côté du mastroquet. Les municipalités intelligentes admettent bien, sans le dire toutefois, que l'instituteur a raison ; mais au jour des élections, c'est au café qu'on abreuve les amis, lorsque le succès est obtenu.

« De ce fait, il peut naître quelquefois, dans certains villages, une situation un peu difficile pour l'instituteur. Ce n'est pas néanmoins une raison pour se décourager, et, à moins que le cafetier ne soit en même temps maire de la commune, il y a lieu d'attendre une amélioration de la situation... D'ailleurs il faut espérer que dans de telles circonstances l'instituteur serait énergiquement soutenu par ses chefs... Ne nous laissons pas décourager... Fais ce que dois, advienne que pourra ! »

« Dans les villages, le personnage (car c'est un

personnage, presque « une autorité ») qui est le plus à redouter, c'est le mastroquet. L'instituteur peut craindre de le rencontrer sur son chemin. Cette éventualité ne doit point l'arrêter. Il est possible qu'il se forme contre lui quelque cabale, et qu'on lui crée des ennuis; mais, tôt ou tard, on lui rendra justice, *surtout s'il sait être irréprochable à tous égards.* Enfin, si malgré tout il devait être victime des intrigues villageoises, il lui resterait, avec la satisfaction du devoir accompli, la gratitude de ses chefs, qui sauraient bien reconnaître son mérite et le dédommager de ses déboires. »

Évidemment l'instituteur a autant besoin d'énergie que de prudence.

Celle-ci consistera tout d'abord à bien poser la question : la Ligue cadette en veut à l'alcool, elle n'en veut pas au vin, et il faut distinguer le marchand de vin et le mastroquet.

La devise de la Ligue est celle d'un inspecteur primaire : « Guerre à l'alcool, sous toutes ses formes ! Guerre à l'absinthe, aux amers, aux apéritifs à base d'alcool ! mais vive le bon vin de France, pris avec modération ! » Et la viticulture n'a rien à craindre des Ligues cadettes. Au contraire, car, selon le mot de Baudrillart, « l'alcool chasse le vin », et chasser l'alcool c'est réintégrer le vin.

« L'abondance de la récolte du vin et du cidre en 1899, dit le rapport officiel, a amené une grande consommation de ces liquides, et, par incidence, une diminution de la consommation de l'alcool. » Au nom de tous les documents officiels, on peut l'affirmer : la consommation du vin et celle de l'alcool sont, généralement, en raison inverse. Dans les villes où l'on boit le plus d'alcool, soit 34 litres '3o par habitant, on ne consomme que 54 litres 55 de vin; et dans les départements où l'on consomme seulement 2 litres 83 d'alcool, on consomme jusqu'à 1o3 litres 22 de vin. Le vin est un ennemi naturel de l'alcool, et au premier rang des amis et des souscripteurs de nos ligues devraient être les viticulteurs et les brasseurs.

Cela se voit. « Ainsi le marchand de vin de la localité, conseiller municipal, et membre protecteur de notre Ligue, compte parmi les adhérents les plus convaincus. Ses deux enfants font aussi partie de la Ligue. »

Reste le mastroquet proprement dit, le débiteur d'absinthe et d'apéritifs.

On peut lui dire spirituellement et sagement : « Je ne veux pas vous enlever vos clients, je veux vous les conserver plus longtemps. S'ils m'écoutent, vous aurez le plaisir de les voir chez vous pendant de longues années. » Ou encore : « Nul ne songe à la suppression des cafés, mais uniquement au remplacement de véritables poisons, que l'on y sert trop souvent, par des boissons saines, désaltérantes. » « N'avez-vous pas sur un mazagran, sur une bière, sur une limonade ou sur un sirop, autant de bénéfice que sur les autres consommations ? » Et en effet « quelques limonadiers eux-mêmes, comprenant les ravages de ce fléau social, et les heureuses prohibitions qui pourraient être faites parmi les liqueurs à la mode, sans que leurs intérêts fussent compromis pour cela, appré-

cient l'utilité de la campagne. » « Nous avons des
fils de cabaretiers, et ce ne sont pas les moins zélés.
En certaines circonstances l'un d'eux a mérité
d'être cité à l'ordre du jour. »

Il n'en reste pas moins vrai que la Ligue combat
l'alcool et son commerce, et que, dans la mesure
où la Ligue prospère, le débit du mastroquet, en
attendant sa transformation, doit péricliter : aussi,
après avoir pris toutes leurs précautions, et fourni
toutes les explications, les instituteurs n'ont qu'à
aller de l'avant. « Leurs chefs savent qu'ils luttent
pour la bonne cause, et ce serait leur faire injure
de supposer un instant qu'ils pourraient les abandon-
ner dans la lutte. »

# CHAPITRE QUATRIÈME

## Les objections.

§ I. *Nous sommes indemnes.* — La première objection, et pas la moins spécieuse, est celle-ci : « Vous
vous battez contre des moulins à vent. Oh! si nous
étions en Normandie ! Mais vos émotions sans cause
et vos efforts sans objet sont ridicules. »

Il est vrai que la Seine-Inférieure n'est qu'un
département de la France ; l'Académie de Toulouse
peut passer pour une des moins contaminées. Elle

va donc nous fournir un excellent terrain d'observation[1]. Si chez elle le péril est grand, qu'en est-il dans les autres Académies ?

En réalité, dans une Académie quelconque, on pourrait refuser de discuter une pareille objection, tellement elle trahit une méconnaissance absolue de la question alcoolique. L'alcoolisme est un fléau national : comment un citoyen ne serait-il pas solidaire de ses concitoyens ?

Aussi, quand il serait aussi vrai qu'il est faux que tel et tel département est aussi indemne qu'on le dit, le devoir de combattre le fléau et de créer des Ligues n'en serait pas moins impérieux pour l'instituteur.

Si la guerre menaçait le Nord de la France, le Midi pourrait-il rester chez lui, à se chauffer à son soleil, sous prétexte que cela ne le regarde pas ?

Si la peste menaçait Marseille, envahissait le littoral, le Nord aurait-il le droit de se refuser à tout sacrifice pour combattre le fléau, sous prétexte que cela ne le regarde pas ?

Or, il y a ici plus que la guerre et plus que la peste. Les régions, les communes sont solidaires. Tous les Français de France sont solidaires les uns des autres.

1. La statistique du Ministère des finances donne, pour 1899 (*Bulletin de statistique et de législation comparée*, mars 1900, p. 225), le total de la comsommation *imposée ou en franchise*. Mais si le premier chiffre de cette consommation est exact, le second, obtenu par simple évaluation, est certainement inférieur à la réalité. Voici donc ce que consomment, au moins, d'alcool, chacun de nos huit départements : Haute-Garonne, 2 litres, 19 par habitant ; Tarn, 2,16 ; Tarn-et-Garonne, 2,08 ; Aveyron, 1,78 ; Ariège, 1,71 ; Hautes-Pyrénées, 1,64 ; Lot, 1,52 ; Gers, 0,93. Ainsi notre consommation va de 0 l. 93 à 2 l. 19...

Mais les Académies les plus indemnes, celle de Toulouse, par exemple, sont-elles indemnes?

Il n'y a pas lieu d'énumérer ici tous les accidents, toutes les catastrophes qui constituent la chronique alcoolique de notre région : élève d'école normale chassé, jeunes gens de seize ans foudroyés, enfants de treize ans tombant ivres-morts, femme brûlée vive, alcoolique interné laissant un fils idiot, un père mourant de paralysie avec son fils, toute une bande de jeunes gens du même âge mourant dans d'atroces souffrances, etc, etc. Ces récits seraient interminables qu'on n'en dirait pas moins : ce sont des cas individuels! — Comme si la Société se composait d'autres choses que d'individus!

Bornons-nous à des constatations générales.

« La statistique officielle du ministère des finances pour 1899 accuse une consommation de 1 litre 52 par tête d'habitant dans mon département. Ce chiffre est fort au-dessous d'une juste moyenne, du moins en ce qui concerne les communes de la région. Il devrait être augmenté dans une proportion considérable, de la quantité d'alcool produit par une nuée de bouilleurs de crus. »

Autre cloche, même son. « Il est aisé de démontrer que les campagnes, même dans ce pays-ci, s'alcoolisent de plus en plus, et toutes les statistiques que l'on publie sont bien au-dessous de la réalité, car les petits bouilleurs de cru jettent chaque année chez les paysans des quantités énormes de poison, qui se consomme sur place. »

Écoutons un troisième témoin : « Déjà l'œil le moins observateur trouverait dans beaucoup de

nos classes des membres rachitiques, des faces blê-
mes, des yeux sans éclat, tous les signes d'une
dégénération frappante. Interrogez ces enfants :
vous serez étonné du peu de réponses que vous en
obtiendrez. Les uns, à douze ans, ont le cerveau
épais, comme cristallisé, ils ont la langue paresseuse
de la première enfance, on voit qu'ils ne pensent
pas. Ils ne saisiront pas le sens de vos paroles et
répondront au hasard... Entrez dans la cour de
l'école au moment de la récréation. La plupart des
enfants sont accroupis sur les bancs de pierre ou
même sur le sol; ou bien ils se tiennent droits contre
le mur à causer nonchalamment. Peu nombreux
sont ceux qui s'amusent avec feu. Donc, inertie du
corps et inertie de l'intelligence, et souvent aussi
insensibilité du cœur! Or, un bon nombre de ces
enfants sont des fils ou des descendants de buveurs. »

L'instituteur de A*** a fondé une Ligue « parce
qu'il voyait des enfants de douze et même de dix ans
s'adonner aux boissons spiritueuses, à l'usage du
tabac et avoir un air souffreteux ».

A B***, « il se fait une consommation considérable
d'alcool. Les travailleurs en boivent plusieurs fois
par jour pour se donner de la force; les jeunes
garçons en boivent pour faire les hommes, et les
pères de famille donnent du vin à leurs enfants encore
au berceau. »

A C***. « Pour la tuaille du cochon, pour la fête
locale, j'avais des absences dont les parents portaient
comme motif : « Hier nous avons tué le cochon; no-
« tre petit garçon a mangé et bu un peu trop, il est
« indisposé. » Prenant de plus amples renseigne-

ments, j'apprenais que les parents s'étaient grisés et que les enfants étaient ivres. »

A D'''. « Pour remplacer le vin, certains se sont mis à distiller en grande quantité prunes, prunelles, mûres et cerises; ils obtiennent ainsi un mauvais alcool, puant le cuivre, qu'ils vendent en cachette ou consomment chez eux à profusion au moment des rudes labeurs. Il n'est pas jusqu'aux plus humbles ménages, jusqu'aux femmes seules, qui n'aient en réserve au moins une bouteille de la précieuse liqueur. »

A E'''. « Les enfants arrivaient à l'école pâles, souffreteux, grossiers. Le matin, ils avaient mal à la tête. Enquête faite, c'étaient des enfants que leurs parents, adonnés à la boisson, encourageaient et parfois même forçaient, dès l'âge de dix ans, à boire et à fumer avec eux. »

Mais voici des considérations et des faits plus généraux et plus saisissants. Allons loin des centres ouvriers, allons dans les montagnes, où l'isolement et la pauvreté élèvent une double barrière contre l'envahissement de l'alcool.

Que se passe-t-il ? « La commune est pauvre, les habitants sont sobres et tempérants; l'eau de la montagne est leur maigre boisson », sauf le dimanche, où les estomacs vont faire leur provision d'alcool à la ville. — Autre part, les habitants sont sobres, sauf le mercredi, jour de marché à la ville, et le dimanche, jour de fête au village.

Dans un département montagneux, le rapport de M. l'Inspecteur montre que la partie la plus alcoolisée est précisément la plus montagneuse. On y est pauvre, on émigre ; on va à Paris s'établir marchand de vin. Fortune faite, on revient chez soi, portant les habitudes du vermouth et de l'absinthe : « Parmi les élèves de ces écoles, perdues dans les montagnes, isolées au fond des gorges sauvages, beaucoup trop d'enfants dégénérés, rachitiques, demi-idiots. »

Et dans un autre département montagneux ? Voici ce qui se passe précisément au sein des communes les plus reculées et les plus pauvres. « Dans cette commune, presque tous les jeunes gens et hommes voyagent soit en France, soit en Espagne. A leur retour, ils ont la malheureuse habit. de d'aller passer les soirées au cabaret pour tuer le temps. Là ils jouent et boivent des liqueurs alcooliques. » — « Dans nos montagnes, tout particulièrement, il est utile de prêcher sans cesse l'abstinence des boissons alcooliques. Les élèves, presque tous fils de parents qui se livrent au voyage pendant une majeure partie de l'année, seront appelés, aussitôt que leur âge le leur permettra, à quitter leurs foyers pour s'en aller où leur genre de commerce les appellera et seront excités à boire par les fatigues mêmes qu'ils auront à supporter. » De ces montagnes on émigre plus loin même que dans l'intérieur de la France ou de l'Espagne. « Chaque année voit une moyenne de huit jeunes gens, de seize à dix-sept ans, émigrer au Sénégal, au Congo français ; livrés à eux-mêmes et sans principes, ils suivent facilement le penchant qui les entraîne, surtout dans ces pays chauds, aux excès de boisson et de tabac. Aussi n'est-il pas rare de les voir vieillir avant l'âge, quand ils ne succombent pas à leur intempérance. »

Et nous ne savons rien de plus excitant, — parce que rien ne montre mieux ce qui est possible et ce qu'on ne fait pas toujours, — parce que nous ne savons rien de plus encourageant et de plus douloureux que ce rapport : « Parmi les jeunes gens qui ont quitté l'école, environ une douzaine ont émigré vers le Sénégal. Tous persévèrent dans leur abstention la plus complète. et ils s'en trouvent très bien, à tel point que leurs aînés, qui les avaient précédés dans ces parages, sont surpris de cette sobriété et surtout de ses effets directs, tant au point de vue de l'hygiène qu'au point de vue pécuniaire. *Ils voudraient bien les imiter, mais, ne possédant pas l'énergie nécessaire pour s'affranchir de cet esclavage, ils se contentent de dire :* « *Avez-vous été* « *heureux d'avoir rencontré quelqu'un pour vous* « *préserver, en temps opportun, de cette funeste* « *passion!* »

Oh! le lugubre : trop tard! et quel père, quel instituteur peut, de gaieté de cœur, s'exposer à l'entendre résonner un jour à son cœur, à sa conscience, comme un reproche, comme un remords inapaisable? Car, enfin, y a-t-il une seule commune en France dont les enfants n'émigrent pas, et de plus en plus, vers les villes? Y a-t-il un père qui puisse se dire : mon fils ne sortira pas de la commune, ni pour le service militaire, ni pour le commerce, ni pour le mariage ? Et qui donc garantit à ce père, à cet instituteur, que le revenant, vieilli, usé, chauve, à la voix cassée, chevrotante, mourant, ne sera pas son élève, ne sera pas son fils, réduit à répéter la parole du découragement et du désespoir : « Ah! si j'avais rencontré quelqu'un pour me préserver en temps opportun de cette funeste passion! Maintenant, c'est déjà trop tard. »

Aucune Académie de France ne peut se soustraire au devoir urgent de créer des ligues.

§ II. *Modération et non abstention.* — Faisons des ligues; mais pourquoi faire des ligues d'abstention, et pas seulement des ligues de modération? « Ces ligues d'abstention sont le produit de certains cerveaux intelligents, mais dont les idées ne sont pas toujours pratiques. En effet, l'énorme quantité d'alcool, accusé par les statistiques, n'est guère accrue par les larmes de rhum qu'on met dans le café, le dimanche. » — « Il me semble que si l'abstinence absolue doit être *recommandée,* il y a lieu de *marquer dans les statuts que quelques gouttes d'eau-de-vie dans le café et l'usage modéré de liqueurs fabriquées dans la famille* ne sont pas un obstacle à l'entrée dans la Société. *D'autant plus que le président de droit, votre serviteur, avoue avoir un faible pour la toute petite goutte dans le café.* »

On n'est jamais trahi que par les siens, et voilà des *modérés* qui suffisent à faire le procès de la *modération.* Ils se chargent de démontrer comment et pourquoi ils sont incapables de lutter victorieusement contre le terrible fléau.

« La modération n'est pas un système, mais un expédient. Est-on modérément patriote, modérément honnête, modérément bon?... Les modérés, très souvent, sont des ha... ics, qui sont de l'avis de tout

le monde, qui se placent à égale distance de deux
drapeaux, afin d'acclamer tour à tour celui qui
l'emporte, grâce à une imperceptible pirouette. »

Peut-être même est-il inutile de faire honneur aux
modérés de tant d'habileté; il suffit, en général, de
penser que ce sont de simples gourmands.

En tout cas, « il n'y a pas d'usage modéré de
l'alcool » (BAYER). « La création de sociétés dites
de modération est plus nuisible qu'utile. »

Insuffisante pour la conduite personnelle, la modération est plus insuffisante encore pour la propagande.

« Sans formule parfaitement définie, rien à espérer. La simple modération, l'éternelle tempérance
ne disent rien, et sont l'origine des fantaisies les
plus préjudiciables au succès de la cause... » (LE-
GRAIN.)

« Quand une foule aberrée, victime d'une passion forte, se rue en avant, elle est incapable de
mesure, et la modération est une barrière si fra-
gile! »

Aussi bien l'expérience est faite. « Jamais aucune
société de simple modération, dans aucun pays, n'a
produit d'effet durable. Toujours, au contraire,
l'éclosion des sociétés d'abstinents fut le signal de
la défaite de l'ennemi. »

Et la psychologie rend facilement compte de l'histoire. La modération n'est pas seulement un ca-
price, c'est une abstraction; l'abstention seule est
une réalité. Or, on ne fait pas la guerre avec une
abstraction pour drapeau. On n'arrête pas un tor-
rent débordé avec des abstractions comme barrière.

§ III. *L'argument de la crainte.* — « Soit : faisons des ligues, des ligues d'abstention complète, non pas de vin, mais d'alcool. Seulement, n'usons pour entraîner les convictions que de moyens moraux : la peur n'en est pas un. »

Vraiment, il est immoral de faire peur aux gens des conséquences de leurs vices? Ne discutons pas métaphysique, et laissons même la morale de côté. La question est celle-ci : faut-il instruire? Sans doute, à moins d'être partisan de l'ignorance. Or, la connaissance des conséquences d'un acte fait-elle partie de la connaissance de cet acte? Sans doute encore. Alors, pourquoi ne pas dire à quelqu'un : prenez garde, cette boisson est un poison? Qu'y a-t-il de mal à ce qu'un pharmacien mette une étiquette sur le flacon qu'il vous donne : poison, ou, comme dans certains pays : une tête de mort, pour vous dire : si vous buvez ça, vous mourrez?

« Un des facteurs les plus importants de nos actions est la connaissance. Pour agir, la volonté ne suffit pas, il faut encore un motif à cette volonté. On ne veut s'abstenir d'alcool que parce qu'on sait que l'alcool est un poison. Donc l'abstention voulue suppose une connaissance des propriétés de l'alcool. Et cette connaissance suppose un enseignement, lequel ne peut être basé que sur les effets physiologiques et sociaux de l'alcoolisme, sur la crainte en un mot. »

Voici un fait. Un instituteur affiche des placards antialcooliques et en particulier le tableau de M. Galtier-Boissière. « Je ne saurais décrire l'impression produite par ce tableau, autour duquel défilèrent quatre à cinq cents personnes dans la soirée du 25 décembre 1900. L'attraction a été si forte que le cabaretier le plus achalandé de la localité s'est fait apporter, la nuit venue, en cachette, le tableau en question. » — Où est le mal?

Voici un autre fait. « Il est une de vos projections, raconte un père de famille à un instituteur, qui s'est véritablement photographiée dans mon œil, au point que, par instant, je la revois aussi nette, aussi frappante que le soir même de la conférence : c'est la figure de l'aliéné alcoolique.» — Où est le mal?

§ IV. *Pourquoi s'adresser aux personnes sobres, adultes ou enfants?* — Alors une ligue contre la tuberculose doit être formée uniquement de tuberculeux? et une Ligue contre la pornographie rien que de pornographes? et une Ligue contre l'immoralité rien que de femmes de mauvaise vie et de souteneurs des boulevards extérieurs?

L'initiative de la lutte contre l'alcoolisme appartient aux non-alcooliques. Plus un homme est indemne et plus il doit se hâter de donner l'exemple, puisque c'est à lui que cet exemple coûte le moins. Ensuite, viendront ceux qui sont presque indemnes; ensuite, ceux qui sont déjà entraînés et peu à peu le courant croissant pourra finir par emporter quelques-uns des plus obstinés.

Et puis, les Ligues sont surtout des préservatifs. On ne préserve que les gens qui ne sont pas perdus, précisément parce qu'ils ne sont pas encore perdus. Quand il n'y a plus rien à perdre, que peut-on préserver?

Et puis, la Ligue, en même temps qu'elle doit donner l'exemple, doit aussi, par le nombre de ses membres, agir sur le pays, sur le gouvernement, et, par l'apport des cotisations, permettre et soutenir la propagande.

Tant que les non-alcooliques n'entreront pas en foule dans les ligues, ces ligues seront impuissantes, le fléau de l'alcoolisme sévira, et, de ses ravages, il faudra accuser non pas les alcooliques, qui ne sont pas toujours responsables, mais les prétendus modérés, les prétendus tempérants.

§ V. *Engagement des enfants.* — Mais c'est assez nous arrêter à ces objections, plus ou moins sérieuses, et qu'on a appelées les objections « faux-fuyants »; il faut en arriver à une objection très sérieuse et fondamentale : est-il légitime de faire contracter à des enfants l'engagement d'abstinence? C'est le principe même de la Ligue cadette qui est ainsi mis en question.

On dit : « Il ne faut pas que ce soit la promesse qui dirige la conduite, il faut que ce soit la conduite qui amène à la promesse. »

« C'est fausser le caractère et la volonté que d'astreindre un enfant à baser sa conduite sur une promesse qu'il a faite. La promesse doit être une conséquence et non une cause.

« Mais alors que veulent dire ces mots : parole d'honneur, homme d'honneur, tenir sa parole? Si les promesses doivent être seulement la conséquence de la conduite, elles seraient absolument superflues. Que deviendrait la société tout entière si les promesses étaient bannies de tous les contrats?

« Ne doit-on pas au contraire habituer l'enfant, dès son jeune âge, à avoir le respect de la parole donnée ? N'est-ce pas former son caractère que de lui apprendre à ne pas violer ses promesses ? Devenu homme, n'aura-t-il pas plus d'une fois à prendre des engagements dont il ne connaîtra pas toute la portée ? »

Au fond, cette objection porte beaucoup plus loin, elle porte contre tout engagement préalable, et en général il n'y en a pas d'autres. Plus de contrat de mariage, alors ! Et même plus de serment du tout !

Il y a ici plusieurs erreurs psychologiques. En réalité la lutte contre le vice est une affaire de volonté. Or, qui dit : homme plus ou moins vicieux, dit : volonté plus ou moins affaiblie. Lutter contre le vice, cela revient à fortifier, et tout d'abord à protéger la volonté.

A la guerre comme à la guerre ! Le soldat qui ne s'aventure pas imprudemment en rase campagne, qui s'appuie sur un rocher, qui s'abrite dans un retranchement n'est pas un lâche. Les Boërs ne sont pas des lâches, ce sont des héros. De même, dans la bataille contre les vices, les engagements, les serments, les signatures, les ligues sont des aides, des retranchements, des abris naturels ou artificiels, que l'on donne à la volonté, que la volonté se donne, pour doubler, pour décupler les puissances de son énergie.

« L'engagement écrit n'a pas d'autre but que de donner plus de prix à la promesse faite et de lui faire acquérir une formule d'autant plus impérieuse qu'elle est plus précise. C'est un principe pédagogique que plus on donne de prix à un acte, plus on le rend cher à l'enfant, et l'expérience journalière prouve que l'homme, et à combien plus forte raison l'enfant, est plus fidèle à ce qu'il signe qu'à ce qu'il promet verbalement. De là, l'utilité de cet engagement écrit. Il constitue une sérieuse et pratique garantie de fidélité à l'esprit de l'association, une sauvegarde salutaire que l'on se donne à soi-même contre tout manquement à la parole donnée. »

Du reste, ne demande-t-on pas continuellement à l'enfant des promesses, et des promesses plus difficiles à comprendre ? « Ne reconnaîtra-t-on pas que lorsqu'on fait promettre à l'élève de ne pas mentir, de ne pas être irrespectueux à l'égard de ses parents ou de ses maîtres, on l'engage dans une voie beaucoup plus abstraite que lorsqu'on lui fait faire la promesse de ne pas boire de l'alcool distillé ?

« Mais toute l'éducation morale n'est-elle pas composée, en quelque sorte, d'une série de formules positives ou négatives, auxquelles nous demandons à l'enfant de souscrire et de conformer sa conduite quotidienne ? »

Les Ligues cadettes se bornent donc à appliquer les règles générales de la psychologie et de la pédagogie.

Dira-t-on : L'enfant est trop jeune pour comprendre ?

« Ne dites pas que l'enfant est trop jeune encore. Sa raison est certes moins éclairée, moins robuste que celle de l'homme mûr, mais elle existe. On peut, on doit y faire appel, ne serait-ce que pour la développer. » Puis, « les faits capables d'émouvoir l'en-

fant ne manquent pas parmi les victimes de l'alcoolisme. Le jeune garçon ne fera donc pas une
vague promesse, il se rendra compte qu'on veut le
mettre en garde contre un terrible fléau, et la confiance qu'on lui témoigne, en flattant son amour-
propre, le grandira à ses propres yeux. »

Dira-t-on que l'enfant est trop jeune pour vouloir ? « La volonté s'exerce d'autant plus facilement
qu'elle n'a pas à lutter contre une passion. Chez
l'enfant, on constate parfois une volonté contre laquelle la force seule peut lutter. Tranquillisons-nous
donc sur ce point : les ligueurs qui manqueront le
plus souvent à leurs engagements ne seront pas
parmi les petits. »

Dira-t-on enfin qu'il y aura toujours un peu
d'imitation, un peu de complaisance, un peu d'émulation dans la promesse de l'enfant? « Où est le
mal ? N'est-ce pas pour fortifier sa volonté en
l'appuyant sur l'exemple des autres que l'association a été formée? Et puis, si l'on veut scruter
ainsi les consciences et découvrir le mobile de
toutes les actions, si on ne veut proclamer bons que
les actes dictés par des intentions absolument pures,
où trouvera-t-on l'homme sans reproches ? Et ce
qu'on ne peut exiger d'une manière tout à fait ri-
goureuse d'un homme, on veut le demander à un
enfant ? »

Ainsi, répétons-le bien, l'engagement des Ligues
cadettes se place au bénéfice et comme sous l'autorité des règles les plus générales, les plus incon-
testées de la psychologie et de la pédagogie. De
quel droit suspendre l'application et comme la vérité

de ces règles fondamentales et incontestables seulement au moment précis où il s'agit de lutter contre l'alcoolisme ?

Faisons donc prendre l'engagement.

Pas un engagement *forcé !* — S'il était forcé, tous les élèves d'une classe s'enrôleraient d'un coup. Or, il n'en est pas ainsi. Il n'y a probablement pas d'exemple d'une classe qui signe à la fois. Ne signent donc que ceux qui veulent.

« On voit tous les jours des enfants qui, entraînés par la gourmandise, par le milieu ou par toute autre circonstance, ne se jugeant pas en état de tenir leur promesse, refusent de la faire. Ce doit bien être parce que tous ne s'engagent pas tout à fait à la légère.

Pas un engagement *indéfini !* — « L'engagement ne porte que sur une durée d'un an..... ce laps de temps, relativement court, porte l'enfant à ne pas rompre son engagement avant terme. Même lorsqu'il ne le renouvelle pas, sa propre expérience démontre à l'enfant qu'il a pu, sans en souffrir, sans qu'il lui en coûtât guère, s'abstenir quelque temps de boissons. Il a commencé à s'entraîner, et, même s'il nous quitte, il est porté à renouveler dans l'avenir, et pour toujours peut-être, une expérience dont il appréciera les avantages. »

On objectera enfin : « Mais s'il y a des enfants qui ne tiennent pas leur promesse, vous les aurez rendus parjures. » — Dans ce cas, il en serait des enfants comme du reste de l'humanité. Est-ce qu'on supprime les engagements, les contrats, les serments, etc., parce que les hommes sont ainsi

induits à se parjurer ? Pourquoi ce régime excep-
tionnel que l'on veut imposer à ceux qui combattent
l'alcool ? Du reste, il n'y a qu'à laisser parler l'expérience des pédagogues. Que prouverait une, deux
ou trois chutes, pendant les quatre ou cinq années
d'association, sinon la faiblesse de la nature hu-
maine ?

« Le nombre des parjures est bien minime, et on
voit plus souvent des sociétaires qui, au bout d'une
première période, ne renouvellent pas leur engagement, que des enfants qu'il faut exclure parce qu'ils
n'ont pas tenu leur promesse. »

« Va-t-on maintenant imposer du premier coup
une perfection absolue et refuser toute réhabilitation
à celui qui, après la faute, la reconnaît, la confesse
et manifeste un sincère repentir ? Ce serait annihi-
ler tout effort vers le bien et détruire le principe
même de la morale. »

« D'abord tous ceux (*et l'expérience nous permet
d'affirmer qu'ils sont rares*) qui font ouvertement
mépris de leur promesse sont chassés de la Société,
ce qui donne plus de valeur à la fidélité des autres.
Si de bonne heure ils connaissent le parjure, de
bonne heure aussi ils essuient le mépris.

« Quant à ceux qui se parjurent en secret, le soin
qu'ils prennent de se cacher ne montre-t-il pas qu'ils
ont conscience de leur faute. Ils reconnaissent la
valeur d'un serment, et ils se condamnent eux-mêmes pour ne pas l'avoir respecté. Ils éprouvent de
la honte. Tout n'est donc point perdu, et, à la voix
de la conscience, ils peuvent revenir. Ou si déci-
dément ils ne se sentent pas le courage de persévé-

rer, ils démissionnent sous quelque prétexte, ou, tout simplement, ils ne renouvellent pas leur engagement.

« Restent ceux qui violent leur promesse, qui s'en cachent et qui continuent à faire partie de la ligue. *Ceux-là ne sont pas nombreux*, heureusement. Lorsqu'on les découvre, ils sont bien humiliés et leur amour-propre doit cruellement souffrir. Ils apprennent à leurs dépens comment on perd son honneur et la confiance d'autrui. Quelques hypocrites adroits échappent-ils à toute sanction. Nous répondrons : Quel est le troupeau qui n'a point de brebis galeuse ? »

---

# CHAPITRE SIXIÈME.

## La Ligue cadette dans les écoles de filles.

Jusqu'ici ces Ligues ont été peu nombreuses. Pourquoi donc ? N'y aurait-il, de ce côté, aucun danger à redouter ?

« Soyez-en bien persuadé, il y a nombre de femmes qui boivent ; elles y mettent seulement plus de discrétion que les hommes. Vous en avez certainement connues, parmi les plus honnêtes, qui acceptaient sans trop se faire prier, chez le confiseur, quelques gâteaux arrosés de quelques bons verres. Dans un banquet de noces, un repas de famille, je n'ai pas souvent constaté que les dames et les jeunes filles aient boudé la bouteille.

« Du reste, étant données les idées reçues, beaucoup de femmes, en prenant part aux libations du ménage, ne se doutent pas qu'elles s'alcoolisent à l'exemple de leur mari. Il est donc urgent de les convaincre autant que ces·derniers. »

Plus urgent qu'on ne croit. — Une institutrice interroge sa classe : « Savez-vous ce que c'est que l'eau-de-vie ? — Mademoiselle, *répond une enfant de cinq ans,* mon père m'en a donné hier soir. » — Et voici qui n'est pas moins alarmant : « Il n'est que trop vrai que certaines mères de famille absorbent de l'alcool en quantité pour se dérober à la tâche sacrée de la maternité. Ces malheureuses n'hésitent pas à compromettre leur santé, l'avenir de leur famille, pour sacrifier à la faveur populaire du fils unique. Ces honteuses pratiques, qui devraient être la tare cachée de quelques mauvais foyers, s'étalent aujourd'hui orgueilleusement dans nos campagnes. »

La fondation de Ligues cadettes de jeunes filles est nécessaire dans l'intérêt des femmes. Elle est surtout nécessaire dans l'intérêt des hommes, dont les femmes peuvent, mieux que tout être au monde, faire l'éducation.

« N'oubliez pas que la jeune fille sera plus tard mère de famille, et, à ce titre, la première institutrice de ses enfants. Laissez-la dans l'ignorance de ses devoirs d'épouse et de mère, et la génération qui va venir vaudra moins encore que la nôtre. Comment aiderait-elle à l'action éducatrice du maître

d'école, comment pourrait-elle favoriser les efforts
de la société de tempérance qui sollicitera l'adhé-
sion de ses fils, comment saura-t-elle les préserver
et les instruire elle-même ? On n'évite pas un danger qu'on ignore, et on n'en garantit pas les autres ;
la femme non avertie ne saurait convertir son mari
buveur. »

« C'est surtout la femme qui souffre de l'alcoolisme.
Eh bien ? négligez l'éducation de la jeune fille sur
ce point, et vous la verrez plus tard se lier imprudemment, sans défiance, à un buveur qui lui rendra
l'existence bien dure, qui, en tout cas, lui donnera
des enfants dégénérés. » « C'est le rôle de la femme
de venir à l'aide de l'homme pour résoudre cette
grande question sociale de l'alcoolisme... elle est
très bien équipée pour cette œuvre de sauvetage,
parce que, plus que l'homme, elle a pitié des souffrances humaines. » (Mme SEHNER.)

Et ce rôle nécessaire est facile à remplir.

Les petites ligueuses font la leçon à leurs mamans,
qui, tout à coup, se trouvent impuissantes à décider
leurs enfants et à leur faire prendre de l'eau-de-vie.

« Certaines s'en plaignirent à moi-même, raconte
une institutrice : « Vous avez dit à mon enfant que
« l'eau-de-vie faisait du mal ; il ne veut plus en pren-
« dre d'aucune façon. Et pourtant il n'a pas du tout
« de santé. Il en aurait besoin pour lui relever l'es-
« tomac. Et puis, il a toujours les vers ; une goutte
« lui ferait du bien, mais pas moyen, il préfère vous
« obéir plutôt qu'à moi. » Je m'expliquai auprès de
la maman, qui se laissa facilement convaincre et me
remercia même de ma bonne intention. »

D'autres ligueuses font la leçon au papa : « Cela te fait mal de boire de l'eau-de-vie », et elles répétaient ce qu'elles avaient appris en classe. « Il ne faut pas en boire, voilà ! Comme nous aurions du chagrin, si tu devenais malade comme les alcooliques ! » Cette petite tyrannie amusait souvent le père. « Mademoiselle parle ainsi parce qu'elle ne l'aime pas ; si elle l'aimait, elle ne dirait pas cela ; et puis, moi, j'ai de la barbe. » — Les enfants convaincus insistaient, et les parents n'étaient pas fâchés que je leur donnasse des goûts de sobriété ; ils n'y voyaient que l'avantage qui en résulte, à cause des dépenses qu'entraîne le goût de boire. Ils disaient alors sérieusement : « Va, ne bois pas, elle a raison, ton institutrice. Cela vaudra bien mieux que tu ne prennes pas cette habitude ; mais moi, c'est trop tard. »

Si les ligueuses sont déjà des jeunes filles, elles peuvent user d'autres procédés encore : « C'est dans les familles d'ouvriers qu'on voit le chef de la maisonnée déguster, avant de partir pour l'atelier, le verre de poison, alors qu'il est à jeun. Or, ce n'est pas le moment de lui démontrer que cette manière d'agir est nuisible, et encore moins de lui adresser des paroles blessantes. Il vaut mieux se lever assez tôt pour lui préparer une boisson agréable, tonique, capable de lui faire oublier son petit verre, et si son palais ne trouve pas la satisfaction habituelle, l'homme n'en trouve pas moins une large compensation dans l'attention, la prévenance ; il sent qu'il aurait mauvaise grâce à refuser : il reste donc, et sûrement de bon cœur. »

Cette façon d'agir a réussi dans certaines familles.

Qui pourrait en douter? et qui pourrait douter de l'utilité, de l'urgence qu'il y a à faire entendre à toutes les ligueuses, à toutes les jeunes filles et à toutes les femmes, devenues ligueuses, ces exhortations : « Il faut empêcher le mari d'aller dépenser son argent au café. Nous ne pouvons pas les attacher, et notre voix n'est pas encore assez forte (ce qui d'ailleurs n'est pas à désirer) pour nous permettre de parler plus fort qu'eux dans la maison. Tâchons donc de les garder chez nous de par leur bonne volonté. Et cela, en étant toujours propres, gentilles, de bonne humeur ; en élevant si bien nos enfants que le père en soit fier et qu'il soit heureux de passer ses instants de repos auprès d'eux; en rendant la maison agréable, confortable, coquette. Cela ne coûte rien à une femme, pour peu qu'elle soit adroite et désireuse de bien faire. Un bon feu en hiver : le bois ne manque pas dans nos campagnes ! De la fraîcheur habilement ménagée en été, quelques fleurs : les fossés en regorgent ! Beaucoup d'affection, et votre mari préférera votre compagnie à celle des buveurs et des ivrognes. »

En vérité, n'est-il pas incontestable que « le véritable remède contre l'alcoolisme est entre les mains des femmes » ? — que ce sont les femmes qui font et défont les maisons? « qu'une femme gagnée à notre cause, c'est toute une famille sauvée » ?

Les Ligues cadettes de jeunes filles ne sont pas moins nécessaires que les Ligues cadettes de garçons.

L'issue de la lutte dépend encore plus de celles-là que de celles-ci.

---

# CHAPITRE SIXIÈME

## Les Ligues cadettes dans les Collèges, les Lycées et les Facultés.

De même qu'on a cru à l'utilité des Ligues cadettes pour garçons..... exclusivement, sans penser aux filles, de même on a cru à l'utilité des Ligues cadettes pour écoles primaires, exclusivement, et tout d'abord on n'a guère pensé ni aux Lycées, ni aux Facultés. Et cependant les filles peuvent autant, pour le moins, que les garçons, et l'enseignement secondaire ou supérieur peut autant, pour le moins, que l'enseignement primaire.

Autant et plus. Qui ne le comprend ? Quelques ligues dans nos Collèges, dans nos Lycées, dans nos Facultés produiraient, à brève échéance, des résultats dix fois, cent fois plus considérables que ces mêmes ligues dans les écoles primaires. Le membre convaincu d'une école n'est qu'un membre. Dans un Lycée, dans une Faculté, un membre convaincu c'est un futur président de société qui groupera autour de sa conviction et de son exemple, dix, cent adhérents.

Faut-il invoquer, après le devoir particulier, l'intérêt particulier des classes dites dirigeantes ? — Dans les temps troublés que nous traversons, à une époque où personne, et surtout aucune classe de la société, n'a plus une faute à commettre, de quelle désastreuse conséquence ne serait pas le sentiment, s'il se répandait, que les classes dites dirigeantes, une fois de plus, se dérobent à leur impérieuse responsabilité ? qu'elles estiment la tempérance une vertu à l'usage particulier et exclusif des plus humbles, des plus pauvres, et que, pour elles, elles doivent s'abstenir de toute abstinence ? Ne serait-ce pas lamentable de voir nos petits ouvriers, nos petits paysans entrer peu à peu dans les Ligues cadettes, et nos futurs industriels, nos futurs avocats, nos futurs médecins rester à l'écart, incapables de résister à l'attrait du petit verre jaune ou vert ? En vérité, quand on voit certaines apathies et certaines résistances, on est tenté de moderniser un peu l'ancien dicton, et de dire : « Les peuples ont les révolutions qu'ils méritent. »

# CONCLUSION.

Nous sommes à X...

« La Ligue a quatre ans. Pour les élèves de l'école du jour, le maître n'a pas entendu dire qu'aucun des ligueurs ait usé de boissons spiritueuses. Pour les élèves des cours d'adultes, toute la population a remarqué le changement de leur attitude dans la rue, et en particulier la suppression des tapages nocturnes, le dimanche soir. La fête patronale, les jours de tirage au sort ne sont plus l'occasion de scènes grotesques, où le drapeau national, les convenances et la morale étaient traités avec une égale indignité. Dans les familles, la soupe remplace souvent la goutte du matin, et le café l'eau-de-vie qu'on buvait aux champs. Le maire a pris un excellent arrêté sur la police des cabarets, et tout le Conseil municipal s'est engagé à combattre l'alcoolisme. Et le combat est victorieux. Un des plus anciens cabaretiers qui vendait autrefois 1000 litres d'eau-de-vie par an a fermé boutique. Un autre qui débitait jusqu'à 10 litres d'eau-de-vie par dimanche ne vend plus que quelques petits verres. Du reste, les registres du bureau de la régie donnent des chiffres éloquents: au lieu de 267 litres d'alcool pur inscrits en 1899, il n'y a eu que 243 litres en 1900, et 82 litres en 1901 (jusqu'au 20 octobre). « Et voilà une commune qui était, il y a quatre ans, la proie du fléau, et qui est devenue un foyer de culture intensive antialcoolique. De son sein rayonnent aujourd'hui des idées fécondes de sobriété, de tempérance, qui conserveront à nos paysans, en la disciplinant, leur force physique ; qui accroîtront leurs qualités morales et mettront dans leur vie un peu d'idéal. »

C'est beaucoup, c'est magnifique; ce n'est ni tout, ni même l'essentiel.

L'essentiel, le voici. L'alcoolisme est une manifestation vicieuse de l'âme. Or, la suppression de cette manifestation ne peut avoir pour résultat à la fois et pour cause qu'une amélioration de l'âme elle-même. Il en est de la thérapeutique de l'âme comme de la thérapeutique du corps. Une plaie a beau être locale, en la guérissant, on fortifie tout le corps, et pour la guérir le médecin s'efforce de régénérer tout le sang. De même pour le vice : un homme guéri d'un vice est un homme plus vertueux d'une manière générale, et pour le guérir de son vice particulier, le plus sûr est de fortifier toute sa santé morale. Voilà la vraie, la haute importance de l'effort antialcoolique, celui qui mérite l'attention de l'Université : non pas seulement préserver des poumons, des estomacs, des viscères, mais surtout transformer des âmes d'hommes et régénérer intégralement des citoyens.

Si l'on veut s'exprimer autrement, on peut dire que l'alcoolisme est un type des questions « à engrenage ». C'est ce qu'ont très bien compris les pédagogues.

Fumer fait boire : les sociétés antialcooliques deviennent des sociétés antitabagiques. Boire fait dépenser : l'antialcoolisme appelle à son aide les sociétés d'économie, d'épargne : « J'ai organisé une société scolaire de secours mutuels et de retraite pour la vieillesse. *Cette association visant l'épargne peut être considérée comme une des suites les plus heureuses de la lutte contre l'alcoolisme.* » Et où boit-on, fume-t-on et dépense-t-on le plus son argent, sinon au café? Il s'agit donc d'empêcher les enfants, les jeunes gens d'aller au café. Et c'est ici précisément que le pédagogue déploie les ressources de son ingéniosité et de son dévoûment. A l'heure du café, il met des réunions, des conversations. Il invite les élèves : le dimanche il fait des promenades, donne des fêtes. Que dire enfin? c'est à la famille et à la morale que le lutteur persévérant, logique, emprunte ses dernières armes, les seules efficaces. « Je rattache toutes les parties du programme à la lutte entreprise contre l'abus de l'alcool ; mais c'est principalement sur l'enseignement de la morale et de l'économie domestique que je m'appuie pour combattre ce vice affreux. J'aurai réussi, si je pouvais parvenir à faire acquérir aux futurs maîtres et maîtresses de maison toutes les belles qualités du cœur qui élèvent l'âme et le sentiment. »

Il ne nous reste plus qu'un vœu à émettre : c'est que tous les instituteurs et toutes les institutrices de l'Académie imitent un de leurs collègues qui était fort dévoué, fort actif, mais qui n'avait pas cru devoir fonder une Ligue cadette. Le concours, ouvert par l'Université de Toulouse, a été pour lui une occasion « de réfléchir sur l'utilité des Ligues cadettes et aussi pour être gagné à leur cause ».

« Je me reproche aujourd'hui de ne pas avoir créé, parmi les élèves de l'école du jour, une Ligue cadette. C'est une lacune que je vais combler dès maintenant. Les statuts sont élaborés, et notre association antialcoolique est déjà baptisée : ce sera *l'Étoile de...* »

Que chaque instituteur, que chaque institutrice, que chaque Collège, chaque Lycée et chaque Faculté...... mette le nom...

# APPENDICE I.

## Statistique antialcoolique de l'Académie de Toulouse.

### § 1. *Nombre des Ligues cadettes par département.*

| | | | |
|---|---|---|---|
| Lot. ........... | 203 sur | 703 écoles, soit | 34,8 o/o |
| Tarn. .......... | 150 — | 704 — | 20,8 |
| Haute-Garonne... | 140 — | 927 — | 15,1 |
| Tarn-et-Garonne.. | 20 — | 435 — | 4,5 |
| Aveyron. ....... | 24 — 1,200 | — | 1,9 |
| Ariége.......... | 14 — | 702 — | 1,9 |
| Gers............ | 5 — | 717 — | 0,6 |
| Hautes-Pyrénées. | 5 — | 724 — | 0,6 |
| | 621 | 6,181 — | 10 o/o |

### § 2. *Nombre des membres des Ligues cadettes.*

| | | | |
|---|---|---|---|
| Lot............. | 5,100 membres sur | 23,692 enfants | |
| Tarn............ | 1,520 — | 20,175 — | |
| Haute-Garonne... | 4,478 — | 38,113 — | |
| Tarn-et-Garonne.. | 500 — | 15,650 — | |
| Aveyron. ....... | 800 — | 47,145 — | |
| Ariége.......... | 687 — | 25,401 — | |
| Gers............ | 137 — | 19,812 — | |
| Hautes-Pyrénées. | 155 — | 22,010 — | |
| | 13,452 membres sur 221,694 enfant | | |

Soit 6 o/o.

## § 3. *Répartition des Ligues par inspection primaire.*

1. Cahors (II), 166; — 2. Albi, 145; — 3. Cahors (I), 72; — 4. Saint-Gaudens (II), 37; — 5. Muret, 24; — 6. 7. 8. 9. Figeac, Millac, Toulouse (ville), Villefranche (Haute-Garonne), 23; — 10. Toulouse (I), 19; — 11. 12. Saint-Gaudens (I), Lavaur, 14; — 13. Tarn-et-Garonne (I), 11; — 14. Tarn-et-Garonne (II). 9; — 15. Tarascon, 8; — 16. Gaillac, 5; — 17. Pamiers, 3; — 18. 19. 20. 21. 22. Arreau, Bagnères, Gourdon, Foix, Lectoure, 2; — 23. 24. 25. 26. 27. 28. Auch, Condom, Decazeville, Saint-Girons, Mirande, Tarbes, 1; — 29. 30. 31. 32. 33. 34. 35. Argelès, Brassac, Castres, Espalier, Rodez, Saint-Affrique, Villefranche (Aveyron), o.

---

# APPENDICE II.

## Modèle de règlement[1] des Sections cadettes.

ARTICLE PREMIER. — Il est créé à                     département de                     , une *Section cadette*

1. Ce règlement est surtout proposé comme type. Il n'est en aucune façon imposé aux créateurs de sections, qui demeurent libres de le modifier selon certaines

J

*de l'Union française antialcoolique*[1] qui prend le titre de

ART. 2. — Cette Section comprend des membres *actifs* et des membres *adhérents*.

ART. 3. — Pour être membre actif il faut : 1° avoir une bonne conduite ; 2° être âgé de dix ans au moins et de seize ans au plus[2] ; 3° prendre l'engagement, pour une durée d'un an au moins, de s'abstenir, sauf prescription médicale, d'eau-de-vie, d'absinthe et de toute espèce de boissons fortes, et de ne faire qu'un usage modéré de vin, de bière et de cidre ; 4° s'engager à faire tout ce qui sera en son pouvoir pour recruter des sociétaires et travailler aux progrès de l'œuvre[3].

exigences locales, qu'il est impossible de prévoir. Seuls les articles 1, 3 et 12, qui sont *fondamentaux*, ne peuvent être modifiés.

1. Il y a le plus grand intérêt à ce que l'école soit le centre même de cette section, qui devient alors une sorte de ligue scolaire. De même, il nous semble naturel que l'instituteur soit sinon le chef, tout au moins le membre le plus influent de ce groupement.

2. Quelques sections ont abaissé ce minimum à huit ans.

3. Il n'y a pas lieu de décider, en principe, que les membres verseront une cotisation. Celle-ci ne pourrait être, en tout cas, que facultative et discrète. Nous appellerons pourtant l'attention sur une pratique en honneur dans beaucoup de Sociétés enfantines de l'étranger : les enfants sont engagés à prélever spontanément sur leurs petites gratifications la modique somme de *un sou* par mois. Il n'y a guère d'exemple, paraît-il, que les enfants n'aient pas suivi ce conseil. Ils sont enchantés de contribuer par eux-mêmes au soutien de leur œuvre, et ils s'y intéressent davantage. Ils apprennent ainsi à prélever sur leurs jouissances une petite dîme en faveur du bien commun. Cette pratique a surtout une portée morale qui donne les meilleurs résultats.

Art. 4. — Sont considérés comme membres *adhé-rents*, les personnes âgées de plus de seize ans et de moins de vingt ans qui déclarent s'associer à la lutte contre l'alcoolisme, combattre avec la Société et en favoriser le développement.

Les membres âgés de plus de vingt ans prennent le nom de membres *protecteurs*.

Adhérents et protecteurs versent une cotisation annuelle fixée à 1 franc minimum pour les protecteurs et à 25 centimes pour les adhérents; ils peuvent signer l'engagement d'abstinence partielle que signent les enfants[1].

Art. 5. — Sont considérés comme membres bienfaiteurs ceux qui, par des dons, contribuent à la prospérité de la section.

Art. 6. — La section est administrée par son président, assisté d'un bureau ou d'un comité.

Les enfants peuvent faire partie du bureau ou du comité[2].

Art. 7. — Les engagements des membres actifs sont pris publiquement, à la première séance qui suit la demande d'admission. Chaque enfant pro-

1. Il y a un grand intérêt à obtenir des membres adhérents et protecteurs l'engagement d'abstinence partielle. La plus sérieuse protection qu'ils puissent offrir aux enfants est évidemment leur propre exemple. On devra toujours s'efforcer de faire adhérer les parents mêmes des jeunes membres actifs.

2. C'est une pratique très avantageuse, très usitée à l'étranger où, en général, les membres adultes du bureau sont toujours doublés d'un membre cadet. Ce sont même les enfants qui administrent eux-mêmes la Société. Les adultes, qui les doublent, les aident seulement de leurs conseils.

nonce à haute et intelligible voix, devant tous les assistants, le texte de l'engagement et appose ensuite sa signature sur le registre de la Société.

ART. 8. — La section se réunit en séance générale tous les                (jours ou mois)[1]. On y procède à la réception des nouveaux membres, à des causeries, à des conférences, à des lectures, à des chants, à des exercices hygiéniques.

ART. 9. — Le bureau a la responsabilité morale de la section. Il exerce une surveillance sur les membres actifs, veille à ce que les engagements soient respectés et prend l'initiative des demandes de radiation quand ils ont été violés.

Les enfants eux-mêmes se doivent une mutuelle surveillance.

ART. 10. — Les sommes provenant des dons et des cotisations sont employées, en outre des dépenses ordinaires de la section : 1º à payer le prix d'abonnement ou d'acquisition de journaux, brochures ou autres publications contre l'alcoolisme ; 2º à organiser des fêtes, des jeux, des excursions ; 3º à des récompenses périodiques affectées aux enfants les plus méritants.

ART. 11. — Les publications que la Société reçoit ou achète sont distribuées aux membres, à tour de rôle, pour être lues par eux et par leurs familles et répandues par leurs soins, à titre de propagande, en dehors de la Section.

Art. 12. — Les Sections cadettes ne sont redeva-

1. Une réunion tous les huit jours est nécessaire surtout quand la section n'a pas pour centre l'école elle-même.

bles d'aucune cotisation à la Société mère qui, au contraire, vient en aide aux sections cadettes dans la mesure de ses moyens.

Toutefois, lorsque les Sections cadettes sont prospères, en particulier lorsqu'elles comptent un grand nombre de membres adultes adhérents (30 par exemple), elles peuvent être considérées au même titre que les autres sections adhérentes à la Société mère, et versent à celle-ci une part de leurs cotisations, pour l'aider à supporter ses charges générales et à soutenir les sections moins heureuses.

Art. 13. — Les sections cadettes ayant l'école pour centre devront être munies de l'autorisation de l'Inspecteur d'Académie.

Art 14. — Les secrétaires des Sections cadettes doivent tenir au courant la Société mère du développement de leur section, au moins tous les six mois. Le Bulletin mensuel *l'Alcool* mentionnera périodiquement la situation des Sections cadettes.

# APPENDICE III

## Indications importantes.

Il est de première importance de rendre aussi homogène, c'est-à-dire, aussi efficace que possible l'œuvre de *l'Union française antialcoolique*. MM. les Instituteurs, Mmes les Institutrices qui fondent une ligue sont donc priés de vouloir bien faire connaître, tout de suite, l'existence de la ligue nouvelle au siège de *l'Union*, 5, rue de Latran, Paris.

La section cadette pourra ainsi recevoir gratuitement le journal *l'Alcool*, et tous les conseils, et tous les moyens nécessaires pour l'organiser. Elle pourra aussi participer, s'il y a lieu, aux récompenses annuelles de *l'Union*.

Au siège de *l'Union* on trouvera les publications suivantes :

*L'Alcool.* — Journal mensuel. — Organe des Sociétés fédérées de l'Union. — Publié sous la direction du Dʳ Legrain. — Prix de l'abonnement partant du 1ᵉʳ janvier. — Un an : France.............................................. 1 50
Union postale.............................................. 2 »
Prix spéciaux pour abonnements collectifs servis à la même adresse.

*L'Étoile Bleue.* — Organe mensuel des Sections cadettes et de la Société des instituteurs tempérants de l'U. F. A. — Prix de l'abonnement partant du 1ᵉʳ janvier. — Un an : France............................................ 1 »
Union postale.............................................. 2 »
*La réforme du cabaret et les Restaurants de Tempérance*, par le Dʳ et Mᵐᵉ Legrain.......................... 1 50
*Alcoolisme et Prostitution.* Rapport de Mᵐᵉ Legrain au Congrès abolitionniste de Lyon........................ 0 20
*Socialisme et Alcoolisme*, par le Dʳ Legrain............ 0 15
*De l'impuissance croissante des femmes à allaiter leurs enfants*, par Bünge, traduction du Dʳ Legrain......... 1 25
*Patronage des Aliénés et des Buveurs*, par le Dʳ Legrain..................................................... 0 20

## CONFÉRENCES.

*L'Alcoolisme en France.* — Conférences types par les Dʳˢ Laborde et Legrain.................................. 1 50
*Le devoir de l'Armée dans la lutte contre l'Alcool.* — Conférence par le Dʳ P. Good........................... 0 50
*Craignez l'Alcool*, par le Dʳ Legrain.................... 0 50
*Le Chemin de l'alcoolisme.* — Conférence par le Dʳ Pierre. 0 50
*L'Alcoolisme et l'Enfance*, au point de vue hygiénique et social, par le Dʳ Carrière............................ 0 25
*Alcoolisme et Solidarité.* Tract par le Dʳ Good......... 0 15

## TRAITÉS DE PROPAGANDE.

N. B. — On peut aussi demander au siège de l'*Union* le catalogue complet des « publications contre l'alcoolisme, éditées ou recommandées par l'*Union française antialcoolique.* » Outre les publications, l'*Union* fournit des vues et appareils pour projections lumineuses, etc., etc.

www.ingramcontent.com/pod-product-compliance
Lightning Source LLC
Chambersburg PA
CBHW070928280326
41934CB00009B/1780